Contraste insuffisant
NF Z 43-120-14

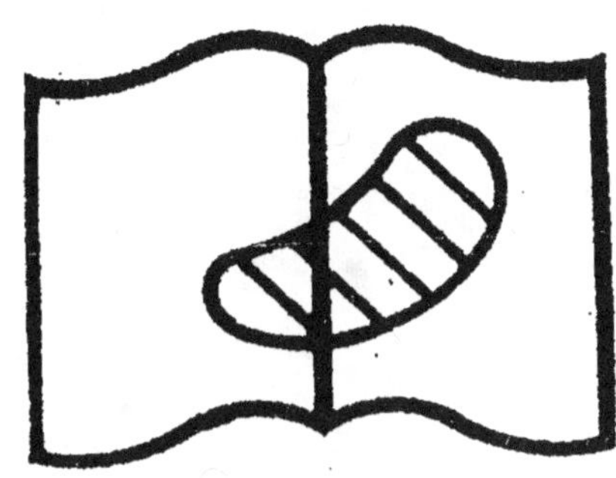

Illisibilité partielle

VALABLE POUR TOUT OU PARTIE DU
DOCUMENT REPRODUIT.

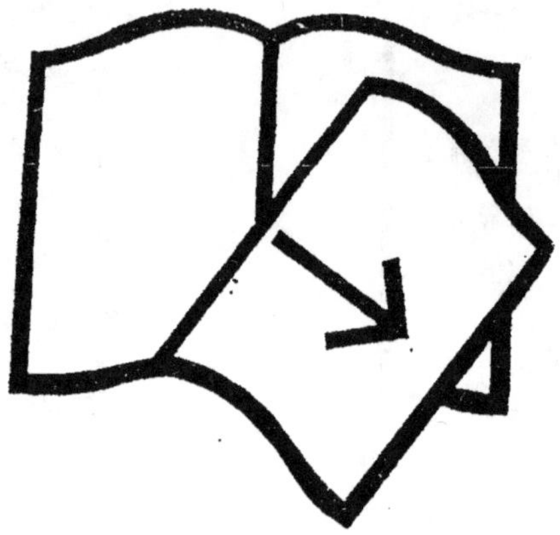

Couvertures supérieure et inférieure
manquantes

TROIS INSCRIPTIONS

RELATIVES A DES

RELIQUES RAPPORTÉES DE CONSTANTINOPLE

PAR DES CROISÉS ALLEMANDS

TROIS INSCRIPTIONS

RELATIVES A DES RELIQUES

RAPPORTÉES DE CONSTANTINOPLE

PAR DES CROISÉS ALLEMANDS

PAR

LE COMTE RIANT

Membre résidant de la Société nationale
des Antiquaires de France.

———

Extrait des *Mémoires de la Société nationale des Antiquaires
de France*, tome XL.

———

PARIS

1880

TROIS INSCRIPTIONS

RELATIVES A DES

RELIQUES RAPPORTÉES DE CONSTANTINOPLE

PAR DES CROISÉS ALLEMANDS.

Parmi les lieux qui ont reçu, à la suite de la quatrième croisade, et conservé jusqu'à nos jours une partie des dépouilles religieuses de Constantinople, il convient de citer Vicence. Ce n'est pas que les habitants de cette ville aient pris part à l'expédition de 1204 et à la distribution de trésors pieux qui suivit la prise et le sac de Byzance ; mais postérieurement, et à d'assez longs intervalles, quelques-uns de ces objets sacrés furent recueillis, à la suite d'une double translation, par les sanctuaires vicentins.

En 1259, un évêque de Vicence, le bienheureux Barthélemy de Breganze, qui avait, en qualité d'évêque de Limisso, suivi onze ans auparavant saint Louis en Terre Sainte, reçut de ce prince, qu'il était venu visiter à Paris au retour d'une ambassade en Angleterre, diverses reliques tirées du trésor de la Sainte-Chapelle [1]. Parmi ces reliques était une sainte Épine, pour laquelle on bâtit à Vicence l'église de la S. Corona.

Quelques années après (avant 1270), le même prélat reçut, en don ou en legs, de Filippa, veuve de Marino Morosini, un magnifique reliquaire byzantin en forme de *tabula*, que ce Morosini avait rapporté de Constantinople [2], et qui fut déposé dans la même église.

Enfin, au commencement du XVIe siècle, un autre évêque de Vicence, Pietro Dandolo, descendant du grand doge de 1204, sur le point de passer au siège de Padoue, fit présent à la cathédrale qu'il quittait d'un fragment important de la Vraie Croix, conservé dans sa famille depuis plus de deux cents ans, c'est-à-dire depuis les derniers temps de l'empire latin de Constantinople [3].

Ces divers apports sont moins remarquables en eux-mêmes que par les particularités qui les signalent à l'attention ; les deux premiers, en effet, ont donné naissance à de nombreux et intéressants documents dont j'ai parlé ou parlerai

1. *Exuviæ sacræ C. P.*, I, clxxij, 141-142.
2. Vicence, bibl. publ., *Oggetti di culto*, I, n° 56.
3. C'est Barbarano (*Hist. eccl. di Vicenza*, p. 249) qui donne ce chiffre de « *più di ducento anni* » ; je n'ai aucune raison de révoquer en doute le témoignage de cet historien, qui a eu entre les mains un grand nombre de documents aujourd'hui perdus.

ailleurs[1] ; et je veux aujourd'hui vous entretenir du troisième, à cause d'une inscription singulière qui est gravée sur la relique.

Je rappellerai d'abord combien sont rares les inscriptions gravées sur la matière même des reliques[2] : je ne pense pas qu'on en ait signalé jusqu'ici aucune, quand cette matière était le bois de la Vraie Croix. Il est évident, en effet, qu'un sentiment tout naturel de respect devait empêcher les clercs ou les graveurs de profaner de la pointe d'un outil les objets mêmes de leur vénération.

Je reviens ensuite à la relique : elle a été donnée, comme je l'ai dit tout à l'heure, en 1507 ; c'est ce que prouvent, d'abord, un passage d'une lettre adressée le 1er janvier 1508, au médecin de l'évêque Dandolo, Lodovico Zuffato, par l'écrivain vicentin Bartolomeo Pajello[3] ; puis la pièce suivante :

1. *Exuviæ sacræ C. P.*, II, 141, 154, 159; la plupart seront publiés dans le tome III de cet ouvrage.

2. Le crâne de saint Denis, à Longpont-sur-Aisne, porte une inscription grecque ; voy. Poquet, *Monogr. de Longpont* (1869), pp. 63, 69.

3. « Qui maximum nobis atque immortale monumentum, « et inviolabile pignus reliquit, partem haud exiguam Domi-« nicæ Crucis, sacellumque sua impensa pario marmore « construendum, ac porphyriticis, sive ex ipsa synnade col-« lucentibus polituris, incrustandum. » (*Epist. Barth. Pajelli*, d. A. Magrini, *Sopra la roll. della S. Croce di Vicensa* Thiene, 1860, in-8°, p. 41.)

« 1507, ind. X, 7. decemb., Vicentiæ, in episcopatu, rev.
« in Christo pater dominus Petrus Dandulus, Dei et Apos-
« tolicæ Sedis gratia episcopus Paduanus, olim Vicentinus.

« Volens ad laudem Omnipotentis Dei, et ejus sanctissimæ
« Crucis erigere, seu erigi, unam capellam in ecclesia cathe-
« drali Vicentina, cui donavit partem ligni sanctissimæ
« Crucis, ac fabricæ ipsius, constituit mag. et generosos
« equites d. Nicolaum q. d. Simeonis de Thienis, equitem
« egregium, et sapientem d. i. u. d. Hieronymum de Seledo
« civ. Vicent., gubernatores et suprastantes dictæ fabricæ,
« ac ipsius capellæ defensores ac protectores. Insuper r. d.
« episcopus consignavit d. Simoni de Portis, archidiacono
« Vicentino, unam ex clavibus armarioli, in quo est dictum
« lignum Crucis per ipsum donatum ; aliam vult remanere
« penes vicarium r. d. episcopi, et aliam penes speciales
« d. deputatos ad utilia civitatis. Ex protocolis d. Bartholo-
« mæi q. d. Jacobi... not. etc. [1]. »

Le fragment de la Vraie Croix est assez important : il mesure 7 centimètres de haut et 4 de
large d'un bout à l'autre des bras de la croix :
je n'ai pu savoir s'il était pris en plein bois, ou
formé de deux parties assemblées.

Au moment de la donation, il fut enfermé dans
un reliquaire d'argent doré, fait en forme de croix
et haut d'un quart de bras, qui laissait voir la
relique placée entre deux verres : sur le pied
était gravé l'écu des Dandolo, sommé d'une mitre
et accompagné des lettres : P. D. EPVS. VIC.
(*Petrus Dandulus, episcopus Vicentinus* [2]).

Ce reliquaire subsista, sans être ouvert, jus-

1. Publiée dans Barbarano, *l. o.*
2. *Actus visitationis* 1604, d. Magrini, p. 26 ; *Actus visit.*
1656, *ibid.*, p. 29.

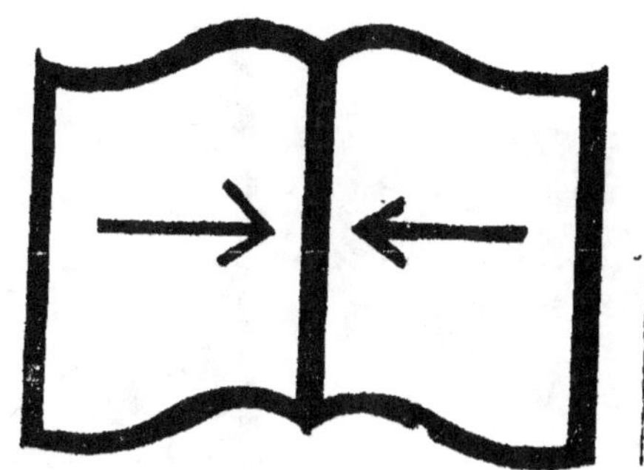

RELIURE SERREE
Absence de marges
intérieures

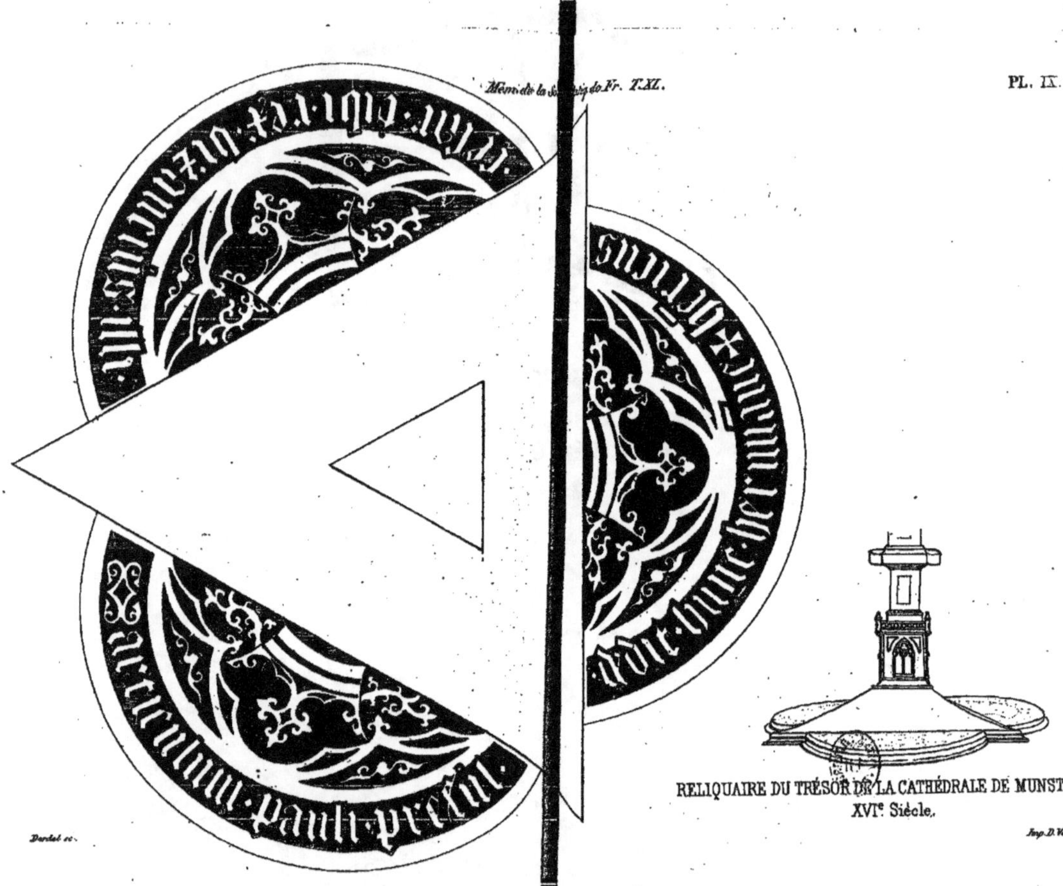

RELIQUAIRE DU TRÉSOR DE LA CATHÉDRALE DE MUNSTER.
XVIᵉ Siècle.

Dardel sc.

Imp. D. Vernet.

qu'en 1676, époque où il fut dépouillé de sa
relique et placé au trésor de la cathédrale, tandis
que le fragment fut transporté dans un autre reliquaire beaucoup plus riche, fabriqué à l'aide de
différents legs pieux, et qui existe encore aujour-
d'hui [1].

Ce second reliquaire ne fut ouvert qu'en 1748 [2]
et en 1854 [3].

Lors de cette dernière visite, on s'aperçut que
le bois même de la Vraie Croix portait une inscription très fruste qui avait échappé à l'attention des
visiteurs antérieurs : on dressa procès-verbal de
cette découverte, et on fit faire le dessin, malheureusement très imparfait, que je reproduis ici [4].

Ces mots HER . MINNE, que les signataires du
procès-verbal lurent HER . MIDNE, parce qu'ils
prirent pour un D le premier N (mutilé) du second
mot, exercèrent leur sagacité, et l'abbé Antonio
Magrini, dans une monographie consacrée à la
relique [5], et à laquelle j'ai emprunté une partie des

1. Magrini, p. 37 ; le reliquaire de Dandolo, bien que veuf
de sa relique, a été très longtemps conservé au trésor de la
cathédrale; mais il n'y est plus aujourd'hui.

2. Magrini, p. 32 n.

3. Ibid., p. 34-35.

4. Ibid., frontispice.

5. Magrini, *Op. cit.*; cette monographie a surtout pour but
de prouver que la relique en question ne doit pas être confondue avec un autre fragment de la Vraie Croix donné par
saint Louis, déposé alors dans l'église de la Corona, et
aujourd'hui perdu, opinion soutenue par plusieurs historiens
locaux (voir pp. 48, 49), et à laquelle Giovanni Carboncini

détails qui précèdent, s'efforça de voir dans l'inscription un « *concetto celato* », formé par les premières lettres de quelque sentence pieuse comme :

Hæc Est Redemptio! Mea Iesus DominE!
ou

HEReditas Mundi Iesus Dominus Noster Est[1].

Ayant reçu récemment de 'M. Vittorio Barichella, bibliothécaire de Vicence, parmi d'autres documents intéressant les reliques constantino-

avait donné un grand poids, en décorant, en 1675, le chœur de la cathédrale d'une fresque, représentant saint Louis qui donne au bienheureux Barthélemy le morceau de la Vraie Croix.

1. Magrini, pp. 35-36.

politaines, un exemplaire de la brochure de l'abbé
Magrini, je cherchai à déterminer le sens et l'âge
de l'inscription, et subsidiairement les circonstances dans lesquelles elle avait pu être gravée.

On ne pouvait s'arrêter à l'idée que l'inscription
eût été gravée au moment, soit de la mise en
reliquaire (1507), soit de la translation (1676),
soit de la première visite (1748), l'apparence
même de la gravure forçant de remonter à une
date beaucoup plus ancienne. Il fallait aussi mettre
de côté l'hypothèse de l'abbé Magrini, et s'abste-
nir de chercher d'autres sentences, aussi peu vrai-
semblables que celles qu'il avait imaginées. En
effet, ces deux mots HER . MINNE sont évidem-
ment germaniques ; mais de quelle langue ? Ni
l'apparence matérielle des lettres, ni la forme
grammaticale des mots ne permettent de songer
au mésogothique ou à l'anglo-saxon, et de supposer que l'inscription ait pu être gravée bien avant
la IVe croisade, soit par quelque goth arien, soit
par quelque væring anglais.

En suédois, les deux mots auraient un sens à
peu près égal au latin :

HIC MEMORIA

en prenant *memoria* dans le sens de *souvenir
vénérable*. Malheureusement, avant la quatrième
croisade et même longtemps après, l'usage de
l'onciale était inconnu dans le Nord scandinave [1],

---

[1]. La plus ancienne inscription connue en langue vulgaire

et l'on se servait exclusivement de caractères
runiques pour les inscriptions, surtout quand le
texte de celles-ci était rédigé en langue vulgaire,
et qu'elles étaient gravées sur des objets portatifs.
Le moyen-haut-allemand donne, au contraire, une
solution à peu près satisfaisante : HER y équivaut
à *haut*, saint, MINNE peut se traduire par *souvenir* (*Alta memoria*[1] ou *Sanctum monumentum*).

Cette lecture permet de proposer, pour rendre
compte des circonstances où l'inscription a pu être
gravée, une hypothèse suffisamment raisonnable.

Pendant le sac de Constantinople, où tant de
reliquaires ont été brisés, pour être fondus ou
dépouillés de leurs pierreries et de leurs intailles[2],
quelque Allemand pieux — probablement laïc,
car un clerc eût écrit en latin — aura recueilli la
relique nue, tout fraîchement expulsée de son
reliquaire, et, en attendant qu'il pût lui donner
un nouvel asile, y aura inscrit cette mention res-
pectueuse, pour empêcher que la Vraie Croix ne
pût être confondue, peut-être par lui-même, avec
un vulgaire morceau de bois.

et en onciales est de 1575. Tombe de Claes Christiernsson
Horn dans la cathédrale d'Upsal (Perinskjœld, *Mon. Uplan-
dica*, Stockholm, 1719, in-fol., II, p. 100).

1. Voir Benecke et Müller, *Mittelhochd. Wœrterbuch*, I,
661 ; II, 177 : si les deux mots n'étaient point séparés par
un point, on aurait pu encore y voir un substantif composé
équivalent à *Belli memoria*, de *Her* = *Heer* = *bellum*.

2. V. mon *Mém. s. les dép. relig. de C. P.* (*Mém. des Antiq.
de Fr.*, XXXVI, 25).

Plus tard, et probablement très peu de temps après 1204, la relique, ainsi étiquetée, sera tombée, par vóie d'achat ou d'abandon de gage, aux mains des Dandolo, qui se la seront transmise de siècle en siècle. Ils en connaissaient la valeur religieuse : sans cela, l'évêque Pietro Dandolo n'eût pas ordonné la construction d'une chapelle spéciale pour la garder, et, si elle ne reçut un reliquaire qu'en 1507, au moment même où elle sortait de la maison Dandolo, c'est que ce reliquaire était un ostensoir destiné à un culte *public*; et qu'auparavant la relique nue était renfermée dans quelque boîte précieuse, mais impropre à ce culte. En tous cas, nous aurions dans cette inscription, probablement unique, comme un autographe d'un de ces « *sancti prædones* » dont j'ai ailleurs, d'après Günther de Pairis[1], raconté les pieux brigandages, et qui dépouillèrent si complètement Constantinople au profit des sanctuaires allemands.

Je ne quitterai point la quatrième croisade sans vous communiquer deux autres inscriptions, toutes différentes il est vrai, mais relatives pourtant à des objets rapportés de Constantinople par des Allemands après 1204.

La première est gravée sur le pied d'un reliquaire du trésor de la cathédrale de Münster. Ce reliquaire, qui figurait l'an dernier à l'exposition

---

1. *Ibid.*, 27, 55.

rétrospective de cette ville sous le n° 453, est du
xvi° siècle, et contient, dans un cylindre de verre
à axe vertical, un os entouré de fils d'or. Le pied,
qui est triangulaire, est orné d'une base plate, tri-
lobée, formée de trois segments : autour de ces
segments court l'inscription suivante :

†HENRICVS.CESAR.TIBI.REX.BYZANCIVS.ILLI *(fleuron)*
ARTICVLVM.PAVLI.PRESVL.DEDIT.HVNC.HERMANNE

Cette inscription, qui a été publiée dans le
Catalogue de l'Exposition [1], étant gravée à plat,
n'avait pu venir sur la photographie du reliquaire : j'en dois heureusement un estampage à
l'obligeance de M. Funcke, de Münster. Je le
reproduis ici, pl. IX. Le caractère des lettres
dénote bien le xvi° siècle; mais elle a dû, à cette
époque, être copiée sur le reliquaire primitif, qui
fut remplacé alors par le reliquaire actuel; la
forme des deux vers et leur orthographe permet-
taient déjà de le supposer. J'en ai trouvé une
preuve encore plus complète : il existe une chronique latine des évêques de Münster, rédigée en
1379 par Florent de Wevelinkhoven, 36° évêque
de cette ville [2] : cette chronique est divisée en
autant de chapitres qu'elle compte d'évêques, et

1. *Austellung westphäl. Alterthümer* (Münster, 1879, in-8°),
p. 40.
2. Florentius de Wevelinkhoven, *Chronica episcoporum
Monasteriensum*, publiée dans Ficker, *Die münster. Chron. d.
Mittelalters* (Münster, 1851, in-8°), pp. 1-92.

chaque chapitre se termine par un distique. Un continuateur a remanié l'œuvre de Florent et l'a menée jusqu'en 1424 [1] : parmi les additions dont il a enrichi l'original qu'il suivait, se trouve, à la suite du chapitre et du distique consacrés au 24e évêque, Hermann II de Katzenelnbogen, un second distique qui est, à quelques variantes près, celui de notre reliquaire.

« *Articulum Pauli presuli dedit hic Herimanno,*
« *Henricus Cesar, tu rex! byzancius illi* [2] *!* »

Bien que le continuateur de Florent de Wevelinkhoven ne donne aucun commentaire à ces deux vers, il est bien probable qu'il les a pris plus ou moins exactement sur le reliquaire primitif, aujourd'hui perdu, et que, si le copiste du XVIe siècle s'est permis quelques changements à la rédaction du distique, il n'en a point modifié le sens général.

Or ce sens est très clair : *Henricus, Byzancius Cesar*, est l'empereur Henri, successeur de Baudouin Ier, qui, après avoir gouverné seize mois comme régent, fut couronné le 20 août 1206.

1. V. Ficker, p. xvij.
2. Id., p. 28. M. Funcke a bien voulu pointer ce distique sur les trois manuscrits connus de la chronique : l'un, qui est du XIVe siècle (Wolfenbüttel), porte bien la lecture de Ficker ; les deux autres (xve s., Münster) donnent au premier vers, au lieu de *hic* : *h'*, que l'on peut lire *hunc* comme sur le reliquaire : les seules variantes qui subsistent sont donc *tu*, au lieu de *tibi*, et *Herimanno*, au lieu de *Herimanne*.

Herimannus presul est l'évêque de Münster, Hermann II de Katzenelnbogen[1], oncle du fameux comte de ce nom, Berthold, qui présida à l'incendie et au sac de Constantinople[2]. Il est probable que Berthold, qui devint l'un des grands feudataires de Romanie[3], n'eut pas de peine à obtenir, comme tant d'autres[4], des reliques provenant de la chapelle impériale pour les parents qu'il avait laissés en Europe ; et il est naturel que l'évêque Hermann ait été du nombre des destinataires de ces pieux présents, d'autant plus que la relique envoyée était une relique de saint Paul, patron de la cathédrale de Münster[5]. Hermann était mort, il est vrai, avant l'avènement de Henri[6] ; mais sa mort ne dut être connue à Constantinople qu'après le départ de la relique qui lui était adressée.

Je rapprocherai cette inscription de celle du reliquaire de la croix Constantinienne du trésor

---

1. Il est évident qu'il s'agit bien de cet Hermann et non de Hermann I († 1042) : celui-ci était bien contemporain de l'empereur Henri III ; mais l'épithète de *Byzantius* ne saurait convenir à ce prince allemand, pas plus d'ailleurs qu'au contemporain d'Hermann II, Henri VI, malgré les prétentions de ce dernier sur Constantinople (*Inn. III et Ph. de Souabe*, p. 30).

2. V. Riant, *Innocent III et Ph. de Souabe*, p. 107.

3. En 1217, il était baile du royaume de Thessalonique (Hon. III *Epist.*, 22 avr. 1217, d. Pressuti, *Regest*, p. 112).

4. Voir les *Mém. des ant. de Fr.*, XXXVI, pp. 38, 48.

5. C'est un nouvel exemple à joindre à ceux que j'ai recueillis (*Mém.* cité, p. 20) de reliques des patrons des sanctuaires d'Occident, envoyées d'Orient à ces sanctuaires.

6. Le 8 juin 1208, v. Ficker, p. 28.

de Saint-Marc de Venise [1], inscription où figure aussi l'empereur Henri, et, comme celle de Münster, rédigée en hexamètres latins.

La dernière inscription est peinte en onciales émaillées autour du cadre d'un reliquaire en cuivre, de travail italien (?) du xiii° siècle, provenant de la cathédrale de Cologne, aujourd'hui chez M. Chalandon, de Lyon. Ce reliquaire, qui mesure $0^m 42$ sur $0^m 30$, offre au centre une croix à double traverse, ornée de filigrane et de quelques pierres, et qui recouvrait autrefois un fragment de la Vraie Croix ; tout autour sont disposés six à six, sur cinq rangs, trente *loculi* à reliques de forme très élégante, entourés chacun d'une inscription gravée en creux.

Une excellente photographie publiée dans Giraud, *Exposition rétrospective de Lyon* (1877, in-f°) pl. LXIV-LXV, n° 4, permet de lire parfaite-

1. *Bouvier O. P.*, II, 179.

2

Planche(s) en 3 prises de vue

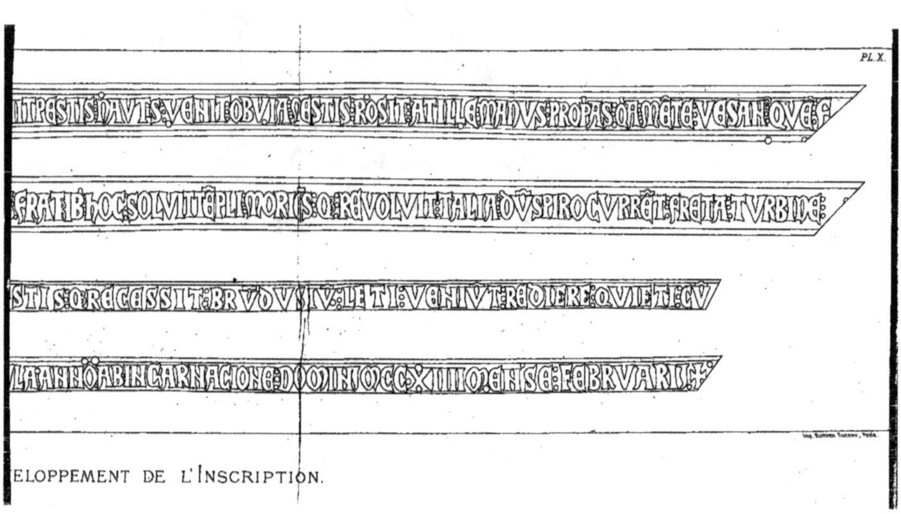

ELOPPEMENT DE L'INSCRIPTION.

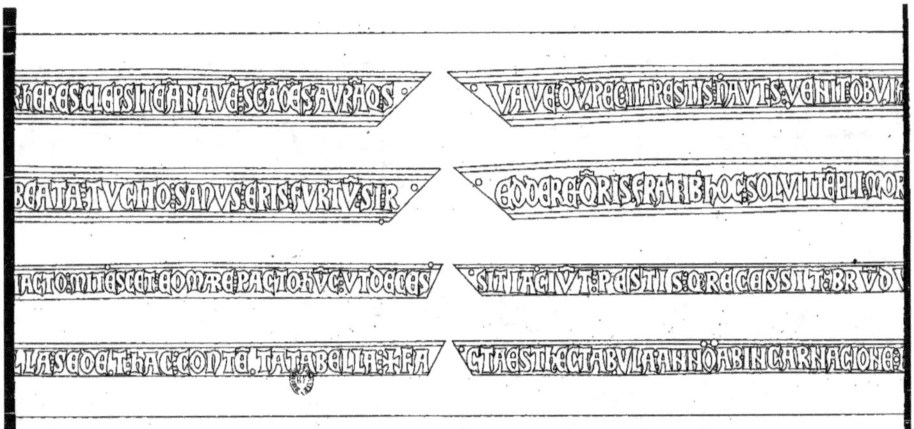

RELIQUAIRE DE M. CHALANDON ___ DÉVELOPPEMENT DE L'INSCRIPT

Mém. de la Soc. des Antiq. de France, T. XL.

RELIQUAIRE DE M.

ment les inscriptions des *loculi*, qui étaient tous destinés à des reliques d'Orient [1].

1. En voici la liste :

1	2	3	4	5	6
7	8	9	10	11	12
13	14	15	16	17	18
19	20	21	22	23	24
25	26	27	28	29	30

1 De vestimento sancte Marie.
2 De capillis sancte Marie.
3 De arundine qua cesum est caput Domini.
4 De sudario Cristi.
5 De tunica Cristi.
6 De peplo sancte Marie.
7 De cinctorio sancte Marie.
8 De camisia rubea quam Dominus habuit in cruce.
9 De caligis Domini.
10 De spinea corona Domini.
11 De vestimento Domini quod habuit in cruce.
12 De testa et capillis s. Johannis Baptiste.
13 De sancto Martino.
14 De peplo sancte Marie.
15 De lancea Domini.
16 De pannis Domini.
17 De sancto Philippo.
18 De sancto Georgio.
19 De sancto Antonio
20 De sancto Stephano.
21 De cruce Ladri confitentis.
22 De sancta Marie Magdalene.
23 De sancto Simon.

Par contre, il est difficile d'y lire l'inscription générale, qui court sur les biseaux du cadre, et se perd dans l'ombre du biais de ces biseaux. Mais, grâce à l'obligeance de M. Chalandon, j'ai pu en avoir un estampage, dont je donne ici le développement (pl. X).

« De cruce qui queres, lege ! Iude presbiter heres
« Clepsit eam, navem scandens. Auramque suavem
« Dum peciit, pestis nautis venit obvia mestis.
« Rosit at ille manus proprias, quia mente vesanus.
« Quem fuit affata sic tandem Virgo beata :
« Tu cito sanus eris, furtum si reddere queris. »
« Fratribus hoc solvit Templi, moriensque revolvit
« Talia : « Dum spiro, current freta turbine miro,
« In meque jacto, mitescet eo mare pacto. »
« Hunc, ut decessit, jaciunt, pestisque recessit.
« Brundusium leti veniunt ; rediere quieti
« Cum cruce, que bella sedet, hac contenta tabella. »

† Facta est hec tabula anno ab Incarnacione Domini MCCXIIII, mense februarij.

Il s'agit donc d'un prêtre qui a volé une relique de la Vraie Croix et s'est embarqué avec son larcin. La peste se déclare à bord, et il en est atteint gravement. La sainte Vierge lui apparaît et lui promet de le guérir, s'il rend l'objet volé. Il se

24 De sancto Lazaro.
25 De sancto Egidio.
26 De sancto Dionisio.
27 De sancta Agatha.
28 De sancto Vincencio.
29 De sancto Luca Evangelista.
30 De sancto Teodoro.

contente d'en verser le prix (?) aux Templiers, et
bientôt agonise. En mourant, il ordonne qu'on
jette son corps à la mer. Aussitôt la peste cesse ;
une tempête qui mettait le navire en péril s'apaise,
et les compagnons du défunt rapportent à Brindes
la Vraie Croix trouvée auprès de lui.

Il est rare de rencontrer sur les reliquaires une
inscription aussi longue ; c'est toute une anecdote,
dans le genre de celles qu'offrent en si grand
nombre les moralistes contemporains, Jacques de
Vitry, Césaire d'Heisterbach, Thomas de Cantim-
pré, Étienne de Bourbon.

Je n'ai point trouvé cependant, dans celles de
leurs œuvres qui sont publiées [1], l'histoire en question ; j'en suis donc réduit à des conjectures.

La date de confection du reliquaire, le caractère
byzantin des reliques qu'il renferme [2], le mot grec
clepsit du second vers de l'inscription, la désigna-
tion de Brindes comme port d'arrivée, me portent
à croire que le navire, et partant la relique et son
larron, venaient de Constantinople, un peu après
la quatrième croisade. Le fait que le reliquaire
était conservé à Cologne me donne à penser que
le prêtre et les voyageurs étaient allemands, et que
ceux-ci, avant de rapporter sur le Rhin leur pieux

1. Comparez cependant l'histoire racontée par Césaire
d'Heist. (*Dialogi mirac.*, l. III, c. 21, éd. Strange, I, p. 137).

2. Sur les reliquaires composés de fragments des reliques
de la sainte chapelle de Bucoléon, voir mon *Mém. sur les
rel. de C. P.*, pp. 38-39.

trésor, lui firent faire en Italie le magnifique reliquaire que possède aujourd'hui M. Chalandon.

Je remarquerai, en terminant, la mention qui est faite là des Templiers comme agents financiers de la croisade, en la rapprochant d'un passage assez obscur d'une lettre d'Innocent III, passage où il est aussi question de ces chevaliers comme recevant de l'empereur Baudouin Ier, en 1204, tout un trésor d'objets religieux « *ad opus Templi*[1] ».

1. Inn. III, *Epist.*, VII, 147 (*Baluze O. P.* II, 56, cf. I, p. clv, n. 9).

Imprimerie Daupeley-Gouverneur, à Nogent-le-Rotrou.